AF283320

Para Jose, mi pequeño hombre, que con su sonrisa me inspiró a escribir este cuento, y para ti, Mamá, por tu fuerza y confianza en mí.

Jose es un niño muy alegre, risueño y a veces un poco cabezota. Le encanta jugar a la pelota con su mamá y pasear a sus perritos. Pero si hay una cosa que destaca de él, es el amor tan grande que tiene hacia su abuela Magdalena.

A Jose le encanta pasar las tardes en casa de su abuela, ya sea viendo la televisión, dibujando enormes dinosaurios verdes o jugando en su alfombra amarilla con sus superhéroes favoritos. ¡Eso sí! Su abuela siempre tiene que estar con él.

Pero hay algo en su abuela que le hace enfadar mucho pero mucho. Es algo que la acompaña a todas partes, algo que siempre está con ella. Ella la describe como *Oscuridad*; algo que Jose no puede ver, pero sabe que es algo que le impide disfrutar de su abuela tanto como él quisiera.

Magdalena y su nieto se sentaron juntos en su sofá color melocotón. Hoy era un día muy especial para ella, hoy iba a contarle a su queridísimo nieto quién era esa tal *Oscuridad* de la que tanto y tanto había oído hablar.

—Jose, cariño mío, te voy a explicar quién es Oscuridad, de la que tanto hablo y de la que cada vez que tú escuchas te hace enfadar. Oscuridad es como mi mejor amiga, ella me acompaña siempre y está conmigo día y noche. Oscuridad hace unos años decidió quedarse a mi lado y ahora tengo que aprender a vivir con ella. Ella necesitaba un sitio donde vivir y sin preguntar decidió que mis marrones ojos serían su nuevo hogar.

Cuando Oscuridad llegó, era de un color gris claro, como el color de un bebé elefante, pero cada año que pasa, se transforma en un color más y más negro y eso, muchas veces, me hace las cosas más difíciles.

—Pero, abuela, ¿por qué no le dices que se vaya a otro sitio? Si quieres yo le doy la casita de cartón que mamá me hizo para que ella pueda vivir ahí y así tendría un nuevo hogar y tú ya no serías su amiga.

—¡Ay, chiquito mío! ¡Qué fácil sería eso! Pero no puede ser. Oscuridad ya no puede salir de mis ojos, ella ahora se quedará ahí para siempre, junto a mí. Ahora es el momento de que las dos aprendamos a vivir juntas, ya que cuando seamos mayores, ella será ya tan oscura que no me permitirá ver nada.

—¿No te permitirá ver nada? ¿Tampoco podrás verme a mí? Entonces... ¿Te olvidarás de mí? —En ese momento Jose se puso muy triste, pero comprendió que esa nueva amiga que vivía en los ojos de su abuela nunca se iría y que siempre estaría con él cuando su abuela también lo estuviera.

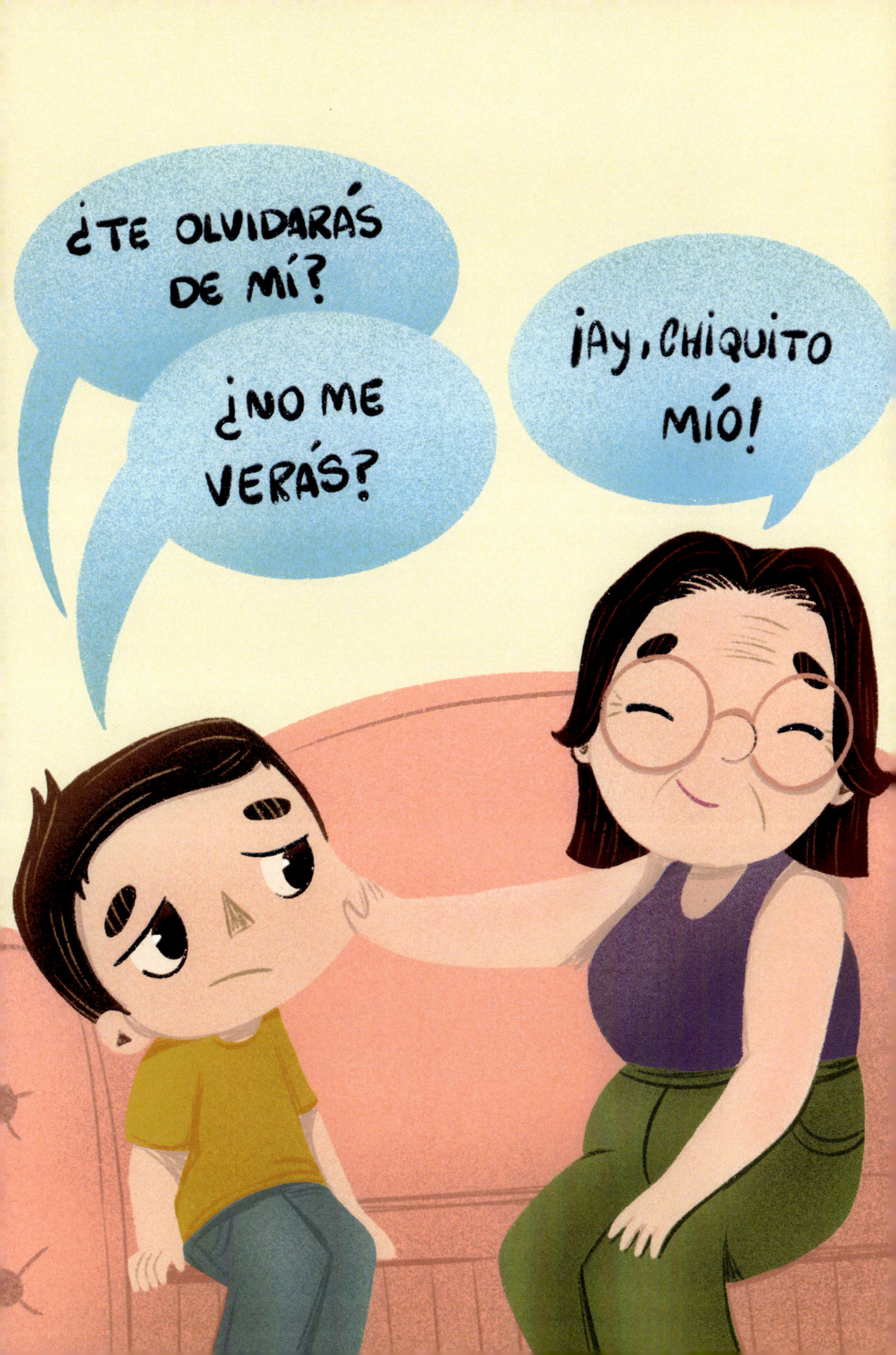
¿TE OLVIDARÁS DE MÍ?
¿NO ME VERÁS?
¡AY, CHIQUITO MÍO!

Magdalena, con una sonrisa de oreja a oreja, afirmó firmemente a esa pregunta que tanto miedo le daba responder; esa pregunta que nunca quería que llegase.

—No podré verte, pero sí podré escucharte, tocarte, olerte e incluso saborearte cuando te acerques a mí y te coma a besos. Hay otros sentidos que harán que te sienta como si te viera, pero olvidarte ¡JAMÁS!

Y Magdalena se lanzó hacia su nieto para darle el mayor de los besos que nunca había dado antes.

Jose se fue a la cama pensando en todo lo que había estado hablando esa misma tarde en el sofá con su abuela. Pensando y pensando, sus ojos se cerraron y cayó en un profundo sueño que lo hizo dormir hasta la mañana siguiente.

Al día siguiente, Jose se fue a pasar la tarde con su tito al parque. A él le encantaba ir allí y jugar con las palomas o darle de comer a los patos que nadaban tranquilamente en la fuente. Sabía que la tarde con su tito era de diversión, golosinas y chocolate.

—Tito, ayer la abuela me contó quién es Oscuridad. Dice la abuela que es su amiga, pero yo no comprendo por qué lo son. ¿Tú sabes cómo puedo ayudar a la abuela y convencer a Oscuridad de que viva en otro sitio?

—Entonces ya sabes quién es Oscuridad, ¿no? ¿Ya te lo ha contado la abuela? Pues bien, claro que sé cómo podemos ayudarla, pero no será una tarea fácil. Habrá momentos difíciles, pero, poco a poco, podremos conseguirlo. ¿Quieres que te lo cuente?

—¡Claro que sí! ¡Cuéntame, cuéntame cómo podemos echar a Oscuridad a que viva en otro sitio!

Jose pensaba que su tito le daría la receta mágica para hacer que la amiga de su abuela saliera de donde actualmente vivía para irse a otro sitio, pero lo que escuchó no hizo nada más que confundirlo aún más.

—Pues bien, pequeño, lo que ahora tenemos que hacer no es otra cosa que apoyar mucho pero que mucho a la abuela. ¿Tú has visto esos libros tan raros que no tienen letras, pero sí muchos puntitos? ¿Esos libros que están en la mesita cerca del sillón donde la abuela se sienta? Pues eso son los nuevos libros que la abuela está usando para aprender a leer. Pero no a leer como tú lo estás haciendo con la seño Eli, sino a leer de una manera diferente, usando sus manos, para que cuando Oscuridad sea tan negra y no le permita ver las letras de los cuentos que ahora te lee, ella pueda seguir leyendo.

—¿Cómo que apoyarla? ¿No vamos a obligar a salir a Oscuridad? ¿Seguirá con la abuela? ¡Pues no lo comprendo! ¡Yo quiero que se vaya!

Jose no entendía como su tito tampoco sabía cómo poder hacer que Oscuridad dejara su hogar. Le hablaba de apoyar a su abuela, de ayudarla y de darle ánimos, pero no de cómo obligar a salir a quien su abuela llamaba amiga.

Ahora lo que tenemos que hacer es enseñar a la abuela a que continúe aprendiendo, aprendiendo a usar sus otros sentidos. A que use su tacto para leer, a que con su oído pueda escuchar los coches cuando quiera cruzar una calle, a que con su olfato pueda oler cuando esté cocinando ese cocido que tanto te gusta y a que con su gusto sepa que estás contento cuando estás con ella y te come a besos.

En ese momento a Jose le cambió la cara. El enfado que tenía por todo lo que había conocido en estos días se volvió sonrisa y comprendió que era lo que podía hacer para que su abuela y Oscuridad pudieran vivir juntas.

Desde ese momento y cada vez que llegaba a casa de su abuela, Jose quería ayudarla a mejorar sus otros sentidos. Se sentaba con ella y leían juntos usando sus manos y los libros de puntitos que la abuela tenía, hacían juegos donde tenían que adivinar objetos tocándolos y oliéndolos, oían sonidos para saber diferenciar cómo sonaba un coche o una moto, y probaban toda clase de alimentos para recordar qué sabor tenía cada cosa, desde guindillas picantes hasta dulces galletas.

Pasaban las tardes juntos; las tardes se hacían cortísimas. Eran tardes de aprendizaje y diversión.

De esa forma, Magdalena, poco a poco, fue aprendiendo a cómo usar todos sus sentidos de la mejor manera posible, y con el mejor maestro que podría tener, su nieto Jose.

—Abuela, ¿te puedo pedir una cosa? ¿Puedo mirar tus ojos de cerca para ver a Oscuridad? Quiero intentar poder verla y ver qué cara tiene.

Jose poco a poco se fue acercando para intentar ver a Oscuridad en los ojos de su abuela. Se acercó y usó la lupa que ella tenía y ¡sorpresa!

Por fin pudo verla, por fin la conoció. Oscuridad seguía siendo de color negro, seguía teniendo su hogar en la mirada de su abuela, pero había algo en ella que Jose no se esperaba, podía diferenciar una gran sonrisa y un cartel que decía: "GRACIAS POR AYUDARNOS A SER UNA". Jose sonrió, y se alejó.

Y en ese momento, Jose agarró la mano de su abuela y, mirándola a los ojos, le prometió:

—Jamás de los jamases te soltaré y seré el mejor amigo que Oscuridad podría tener por siempre jamás. Así que, cada vez que vea algo de color negro no lo relacionaré con el miedo, el terror, el pánico o la tristeza, sino que siempre será para mí el color de la amistad.

©Juan Jesús García Toledano (de la obra)
©Apuleyo Ediciones (de esta edición)
Primera edición en Apuleyo Ediciones: agosto 2024
Diseño de cubierta: Ernesto Pérez Martínez
Corrección: Aitor Andreu Guerrero
Maquetación: Sofía Corzo González
Ilustraciones: Fabi Cassanelli

Coordinación editorial: Isidoro Cidre González
info@apuleyoediciones.com
www.apuleyoediciones.com
ISBN: 978-84-1060-271-7
Depósito legal: H 274-2024

Hecho e impreso en España.